LES SPORTS POUR TOUS

L'AVIRON

PAR J. MANCHON

PRÉFACE DE P. MARÉCHAL

NÉCESSAIRE A TOUT RAMEUR

40 centimes

Nombreuses illustrations photograr'

L'AVIRON

PAR

J. MANCHON

Préface de P. MARÉCHAL

ÉDITIONS NILSSON
7, rue de Lille, Paris

A M. F.-Albert GLANDAZ, ✻,

Président de la Fédération française des Sociétés d'aviron,

EN TÉMOIGNAGE D'ADMIRATION

RECONNAISSANTE

J.-M.

PRÉFACE

En France, le sport de l'aviron et le tourisme nautique sont encore inconnus ou presque. Notre pays, doué d'un réseau fluvial admirable à la fois par sa diversité et sa longueur, ne possède qu'une centaine de sociétés nautiques, tout au plus. Beaucoup d'entre elles ne comptent pas cinquante membres actifs, bien que depuis quelques années les adhésions se fassent plus nombreuses dans chaque société.

Le public, même celui qui assiste parfois aux régates, et il devient heureusement plus dense chaque saison, ignore tout du bateau, de son armement, des équipes, de leur entraînement, des courses elles-mêmes. Tout bateau léger est pour lui une *périssoire*. Il s'étonne que les uns manient une rame, les autres deux. Il regarde sans les comprendre ceux qu'il dénomme les *canotiers*.

Vraiment, dans le grand effort qui, depuis vingt ans, a été donné pour appeler la jeunesse à une vie plus expansive, pour lui inspirer le dégoût des plaisirs inertes ou malsains, pour exciter en elle la soif du grand air, on s'étonne que l'aviron ait conquis si peu d'adeptes.

Ce petit livre a été composé justement pour dire au grand nombre ce qu'est un bateau, comment et où l'on apprend à s'en servir, pour dire aussi quelle joie vivifiante il assure au coureur, au promeneur, au touriste, pourquoi il doit être l'exercice favori de tout âge et de tout sexe.

L'auteur, M. J. Manchon, n'est pas seulement un rameur vétéran, un passionné du *bout de bois*. Ancien trésorier de la Société nautique de la Basse-Seine et l'un des membres fondateurs du Canoë-Club, il apporte au lecteur de très utiles conseils sur la formation et l'administration d'une Société nautique.

Il semble que l'heure de l'initiation à la vie sur l'eau ait sonné. Éternellement vaincus dans tous les autres sports d'équipes par les Anglais, l'aviron en main nous les battons. C'est que pour ramer nous avons une méthode, un style, une tradition.

Puisse ce petit livre faire connaître et aimer l'aviron, qui est sans contredit le plus sain et le plus complet des sports.

P. MARÉCHAL,
Président de la Société nautique de la Basse-Seine, ancien président de la Fédération française des Sociétés d'aviron.

L'AVIRON

CHAPITRE PREMIER

A ceux qui ne rament pas. — Bienfaits et joies de l'Aviron.

Ramer! ramer! Que d'images différentes éveille en nous ce simple mot! Ils ramaient, les enfants d'Athènes, quand, les uns assis, les autres debout, sur les longs bancs superposés de la trière, ils frappaient en cadence les eaux violettes des golfes d'Ionie, au son de la flûte du céleuste. Hélas! ils ramaient aussi, le dos nu et tendu, sous le fouet du comité, les malheureux que leur foi hétérodoxe avaient condamnés aux galères du roi. Ils rament encore, les fils d'Albion, lorsque dans les chaudes journées de juin, les huit de course poussent sur la Tamise leurs sveltes silhouettes d'arachnides. Et les

acclamations de tout un peuple ébranlent les
blanches maisons de Henley, et elles font
vibrer dans leurs membrures les embarcations multicolores dont l'essaim se resserre,
compact, derrière les équipes luttant bord à
bord, jusqu'au bout, dans la lumière. (Voir
fig. 1, page 11.)

Étrange et admirable aboutissement de
tant de labeurs, de tant de souffrances! La
rame était l'auxiliaire de la voile. La vapeur
l'a rendue plus accessoire encore. De travail
forcé elle monte à la dignité d'exercice
inutilitaire : sa destinée est accomplie. A
l'antique nécessité s'est substituée la volonté
de perfection. L'aviron, comme sport, c'est
une lutte intelligente, un effort de patience,
une étude persévérante pour grandir l'individu selon les normes du beau.

Le spectateur ignorant, qui voit voler sur
l'eau les pelles des huit, ne se doute guère
qu'il a fallu plusieurs années d'un labeur
quasi-quotidien pour obtenir cet ensemble
parfait qu'il ne remarque pas, justement
parce qu'il est parfait, de même qu'il ne
saurait avoir idée de la joie organique eni-
vrante qui est celle des rameurs quand
l'attaque parfaite les redresse tous, puissam-

Fig. 1. — Course de huit en pointe aux régates de Henley.

ment. Le nouvel initié, le débutant admire
de la berge le beau rythme des corps revenant sur l'avant et son visage s'éclaire à la
pensée que bientôt, peut-être, il pourra ne
pas gêner ses co-équipiers.

C'est justement cette âpre difficulté de
l'aviron qui est son premier mérite, comme
son principal attrait. Les garages sont des
temples où ne saurait être admis le troupeau
des mondains affamés de plaisirs passifs,
de distractions stériles, de sports « où l'on
ne sue pas ». Et vous autres, plus vivants
ou moins fatigués, qui croyez manier l'aviron sans plus de mal que vous serrez un
guidon, n'entrez pas ici! On y étudie; on
s'y exerce; on y peine. Tout le monde peut
chausser des souliers à pointes, botter un
ballon, tenir le manche d'une raquette ou
passer un gant de boxe : essayez donc de
poser un pied, un seul, dans le fin et noble
skiff!

Sans doute on peut se promener en barque,
même en gondole, sur un étang ou un canal.
On peut aussi s'asseoir sur le banc à coulisses d'un canoë; est-on pourtant rameur?
Autant vaudrait appeler cavaliers tous ceux
qui montent à cheval. L'art de ramer,

difficile comme l'équitation, récompense ses zélateurs par des joies sans égales et des avantages qu'il ne partage avec aucun autre sport.

Tout a été dit sur les bienfaits hygiéniques de l'aviron. La physiologie le proclame le meilleur des exercices physiques. En effet, il fait appel à tous les muscles, il ordonne l'effort demandé selon la puissance de chacun d'eux. Ainsi chez le rameur, non seulement les muscles travaillent en proportion de leur volume et de leur importance, mais tous travaillent simultanément de chaque côté du corps. Les muscles abdominaux, si importants et si négligés, obtiennent un développement parfait. Quand l'exercice de la pagaie vient compléter cette éducation générale de l'appareil musculaire par des mouvements latéraux du tronc, on peut dire que le bateau est à lui seul un gymnase complet. Mais il a sur toute gymnastique et mécanothérapie cet avantage incalculable qu'il est attrayant. Ajoutez, enfin, qu'on rame toujours dans un air vif, peu ou point chargé de poussières et légèrement humide, conditions essentielles d'une bonne respiration, et vous comprendrez que si l'hygiène avait voix prépondérante en matière de sports, aucun d'eux ne pourrait disputer à l'aviron le premier rang.

Est-il besoin d'ajouter, pour les gens timorés, qui appréhendent dans tout exercice un accident, que, seul parmi les sports athlétiques, l'aviron ne présente aucun, je dis aucun danger? Contusions, blessures, foulures, fractures, tous les traumatismes sont inconnus en bateau. Les affections des voies respiratoires ne sont possibles qu'à ceux qui violeraient les règles élémentaires de l'hygiène dont nous parlerons au chapitre III. La seule crainte que se puissent forger des esprits ignorants ou prévenus est celle de la noyade. Comme si on tolérait un rameur non nageur dans une société nautique! Comme si on avait jamais vu une équipe à l'entraînement laisser un des siens dans l'eau, ou des régates sans un service de sauvetage! Mais cette crainte des gens pour le bateau a bien des causes inconscientes, donc irréfutables, qui ne sont autres que la peur animale de l'eau. L'esprit populaire est farci de légendes invraisemblables, qui terrorisent l'imagination de l'enfant, oppriment l'adolescent et l'homme fait. L'eau devient l'Élément perfide, la Force ennemie, la Tentatrice funeste et je ne sais quelle idole encore. Mille contes à dormir debout entretiennent cette terreur, qu'on croit sage et utile. L'absurde prêtant ses forces inéluctables à l'ignorance, voilà tenu en défiance le plus sain et le moins dangereux de tous les sports.

On reproche parfois à l'aviron d'être un sport coûteux. L'objection aurait sa valeur, si elle était juste. Les cotisations ne sont pas plus élevées dans les sociétés nautiques que dans les clubs athlétiques, ou les cercles de tennis. Les frais de transport pour se rendre au garage doivent être mis en compte : mais ne grèvent-ils pas aussi le budget du joueur de football ou de tennis? La vérité, c'est que les sociétés nautiques ne procurent à leurs membres qu'un seul sport, et durant la belle saison seulement. Car c'est un autre préjugé de ne vouloir ramer qu'en été. Quoi qu'il en soit, l'aviron, pratiqué dans une société nautique, n'est pas un sport plus coûteux que les autres. Nous le prouverons en établissant le budget du rameur au chapitre III.

Qu'il reste l'apanage d'une élite, j'y

consens. Cette élite aura pour elle le meilleur lot; les hommes d'aviron sont bien les
aristocrates de l'athlétisme, je veux dire
ceux qui atteignent au plus haut point de
perfection gymnique. Leur corps d'abord se
développe sainement, intégralement, harmo-
nieusement. En bateau la plus belle tenue
donne la plus grande puissance et le plus
beau style est le plus effectif. La force, fonction de la beauté : merveilleux privilège de
l'aviron ! On nous dit que la splendeur de
la grâce triomphante a disparu de la terre
avec les éphèbes grecs : elle se montre
chaque jour dans les corps de nos rameurs
aux gestes forts et souples, savants et
simples.

La perfection athlétique, nous dira-t-on,
est secondaire. Ce qui importe dans l'homme
c'est le courage, c'est le mérite personnel,
c'est sa valeur sociale. Nous le pensons
aussi et nous n'estimons chez un adolescent
l'amour de la culture physique que s'il naît,
non d'un besoin de divertissement ou d'un
sentiment de vanité à courte vue, mais du
respect de la race en sa personne. A ceux
qui vont passer dans un cercle sportif
une heure ou deux, moins encore par dés-

œuvrement que pour satisfaire la mode,
qui, de leur corps, cette charpente des
générations futures, font un mannequin
pour exhiber leurs habits ou leurs faux cols
dernier genre, irons-nous demander l'abnégation, le désintéressement qu'exige le
bateau? Puisqu'il leur est naturellement
impossible d'occuper leurs loisirs au profit
d'une grande cause ou d'une fin générale,
qu'ils ne diminuent pas du moins le patri-
moine d'énergie que leur ont légué leurs
ancêtres et dont ils sont les usufruitiers
responsables! Le bateau, s'ils y montent,
leur apprendra au moins une vertu qui peut
les sauver : l'abnégation.

C'est en bateau que le lien invisible des
volontés est le plus fort et le plus nécessairement fort. La faute d'un équipier gêne
toute l'équipe; une défaillance la paralyse.
Un seul péché commis envers les doctrines
de l'entraînement, un relâchement du cou
rage nuisent plus à l'équipe qu'un coup de
rame malheureux : admirable contrainte qui
atteint la plus noble fin du sport athlétique:
l'union des volontés dans une discipline
librement consentie. L'entraînement en bateau est de tous le plus long, le plus pénible,

le plus difficile à suivre, par suite le plus
fécond. Il transforme un jeune homme au
physique et au moral. C'est pourquoi l'aviron a droit aussi au tout premier rang
parmi les sports éducatifs.

Et c'est aussi pourquoi on doit professer
le plus profond mépris pour ces bouffons du
sport nautique qu'on appelle des *canotiers*.
Légendaires baladins de rivières, quelques
survivants de leur espèce traînent encore
le long des berges leur nonchalance et leur
nullité. Quand on vient nous parler des
joyeux canotiers de la Seine, de leurs
exploits grotesques, un haut-le-cœur nous
prend. Nos rameurs n'ont aucun rapport
avec ces désœuvrés imbéciles qui promènent
des jupons dans des îles à friture. Laissons
les derniers *flambards de Paris* disparaître
doucement. Puissent les échos de leurs
« ohé » s'évanouir à jamais dans la fumée
des matelotes ! Que le souvenir même en
périsse et qu'il ne nous nuise plus comme il
l'a trop fait chez les amis du bien et du
beau.

Les sociétés d'aviron, ayant pour fin
l'encouragement au sport nautique, ne sauraient admettre les canotiers. Est-ce à dire

que le rameur doive renoncer à se promener sur l'eau et que la course doive être notre seule idée? Bien au contraire, la promenade et l'excursion nautiques sont la joie sans cesse renaissante des rameurs.

De tous les modes d'excursion, le bateau est sans contestation le plus attrayant, le plus varié, le plus instructif. La marche est lente et pénible. 35 kilomètres par jour est un beau parcours pour un marcheur. Or, combien est courte cette distance! A peine permet-elle de changer d'air. Aussi n'y a-t-il de tourisme à pied qu'en montagne. Le cycliste va vite, mais ne saurait passer partout. L'hinterland lui est fermé. De plus il craint la pluie et le vent, les cailloux et les autos. Le rameur, dans de bonnes conditions, peut nager 60 kilomètres par jour sans fatigue. Il jouit des plus poétiques aspects de la nature, des sites inconnus des hommes de roue. Il emporte avec lui un matériel qui lui rend la vie pleine d'aisance. Enfin l'excursion à pied, l'ascension même, complètent les joies du rameur et tout temps leur est propice. Mais ces avantages sont à nos yeux secondaires.

Le plus grand plaisir de l'excursion c'est

l'aventure. En bateau l'imprévu se présente sans cesse : vent, courants, méandres, écluses, rencontres. A qui a navigué en canoë (voir le chapitre VII) tout autre voyage paraît monotone et ennuyeux. L'équitation même (si injustement délaissée!) ne saurait procurer tant d'impressions neuves, d'émotions diverses que ces mille péripéties du drame héroï-comique qui se joue entre la rivière, la brise et le courage intelligent toujours et nécessairement victorieux. On abuse des chemins où l'on marche et où l'on roule. Voguons maintenant sur les routes qui marchent. Sans doute, l'excursion, quelle qu'elle soit, et en particulier l'excursion nautique, courte ou de longue durée, n'est jamais qu'un délassement sain et amusant; elle ne saurait, comme telle, constituer une fin en soi. Encore mérite-t-elle d'être pratiquée comme complément et en quelque sorte comme récompense des longs et austères labeurs de l'aviron.

CHAPITRE II

Les embarcations.
Construction, armement, entretien.

Nous ne citerons aucun nom de constructeur, ni de rameur. Ce livre, créé pour la propagande du sport de l'aviron, n'a aucune arrière-pensée ni de lucre, ni d'éloge, à plus forte raison de dénigrement. Il ne contiendra que quatre noms propres, ceux des personnalités amies qui ont bien voulu collaborer à l'œuvre. A Paul Maréchal, directeur de *L'Aviron et la Vie sur l'eau*, *organe spécial du rowing français*, je dois les clichés des équipes. M. V. Peltzer, vice-président de la Société nautique de la Basse-Seine, a bien voulu poser les utiles figures démonstratives du chapitre V. Elles ont été complétées d'ailleurs par le talent de MM. Knecht et Dacier, du Canoë-Club, auxquels je dois aussi toute l'illustration du tourisme nautique du chapitre VII. A tous quatre j'adresse mes remerciements amicaux et le témoignage de mon admiration pour leur long dévouement sportif.

Avant de décrire chaque type en particulier, quelques notions succinctes sont nécessaires sur la construction des bateaux de
plaisance à rames.

Un bateau est constitué d'abord par une
pièce de bois rigide, sa colonne vertébrale :
on la nomme la *carlingue* ; elle se relève
aux extrémités par une courbe, en avant
l'*étrave*, en arrière l'*étambot*, où se fixe la
barre ou gouvernail. Normalement à la carlingue on ajuste des pièces cintrées, telles
les côtes du rachis, les *membrures*. Sur elles
on fixera le bordage, qui est l'extérieur, la
partie visible du bateau et en contact avec
l'eau. Le bordage est constitué, soit par des
planches, qui se recouvrent pour s'assem-
bler comme les rangées des tuiles plates
d'un toit ; ce sont les *clins*, et on dit que le
bateau est *à clins* ; ou bien les planches du
bordage sont ajustées bord à bord de façon
à ce que la paroi extérieure soit lisse : on
obtient un bateau à *franc-bord*, ou à *plat
bord*. Les bateaux à clins sont naturellement
plus solides et plus facilement réparables
que les francs-bords ; mais ces derniers glissent mieux sur l'eau et peuvent avoir une
épaisseur minime. Aussi les bateaux, de

course sont-ils tous à franc-bord; les autres, en général, à clins.

La première qualité d'un bateau, c'est d'être rigide, que la carlingue ne se torde pas dans les virages. On assure la rigidité en réunissant le haut des bords du bateau par des pièces de bois qu'on appelle les *châssis*, la plus grande, celle du milieu est le *maître-bau*.

Dans les bateaux de promenade ou d'excursion on place sur le fond un *plancher* qui le protège. Les bateaux de course n'en ont pas. Les bancs des rameurs sont fixes dans beaucoup de bateaux de promenade. Le banc fixe s'appuie, comme les châssis, sur les membrures. Les bancs mobiles reposent sur les châssis. Ce sont de petits chariots qui glissent sur deux rainures, ou *glissières* parallèles, horizontales et d'environ 0 m. 65 de long.

On les appelle aussi *bancs à coulisses*, ou simplement *coulisses*, en anglais *slides* : l'invention est américaine. Le rameur à banc fixe reste les jambes étendues; le rameur à coulisses, en se redressant et en revenant sur l'avant, fléchit ses jambes et entraîne sous lui le siège mobile. Il fait donc plus d'avant avec ses mains, son aviron va prendre l'eau plus loin en arrière. Le coup est beaucoup plus long, mais aussi un peu plus fatigant. Le banc à coulisse est employé dans les bateaux de course, dans les canoës et les yoles. Les pieds du rameur sont appuyés sur la *barre de pied* : c'est une planche inclinée, et dont l'éloignement du banc est réglable à la main par le rameur selon sa longueur de jambes.

L'aviron est engagé dans des *dames* ou dans des *systèmes*. Les dames sont ouvertes dans la partie supérieure, les systèmes se referment sur l'aviron qui ne peut en sauter. En France tous les bateaux de course ont des *systèmes*.

Dames ou systèmes sont ajustés sur les bords du bateau dans les bateaux de promenade. Mais les bateaux de course, très étroits, exigent que les systèmes soient placés à l'extrémité de sortes d'arcs-boutants extérieurs nommés *porte-en dehors*, ou *porte-nage* ou *portants*, qui, éloignant le point d'appui, permettent des rames à levier plus long, plus puissant. Les portants sont trois tiges métalliques souvent creuses fixées au bordage au moyen d'écrous (fig. 2 et 3, pp. 25 et 27). Ils

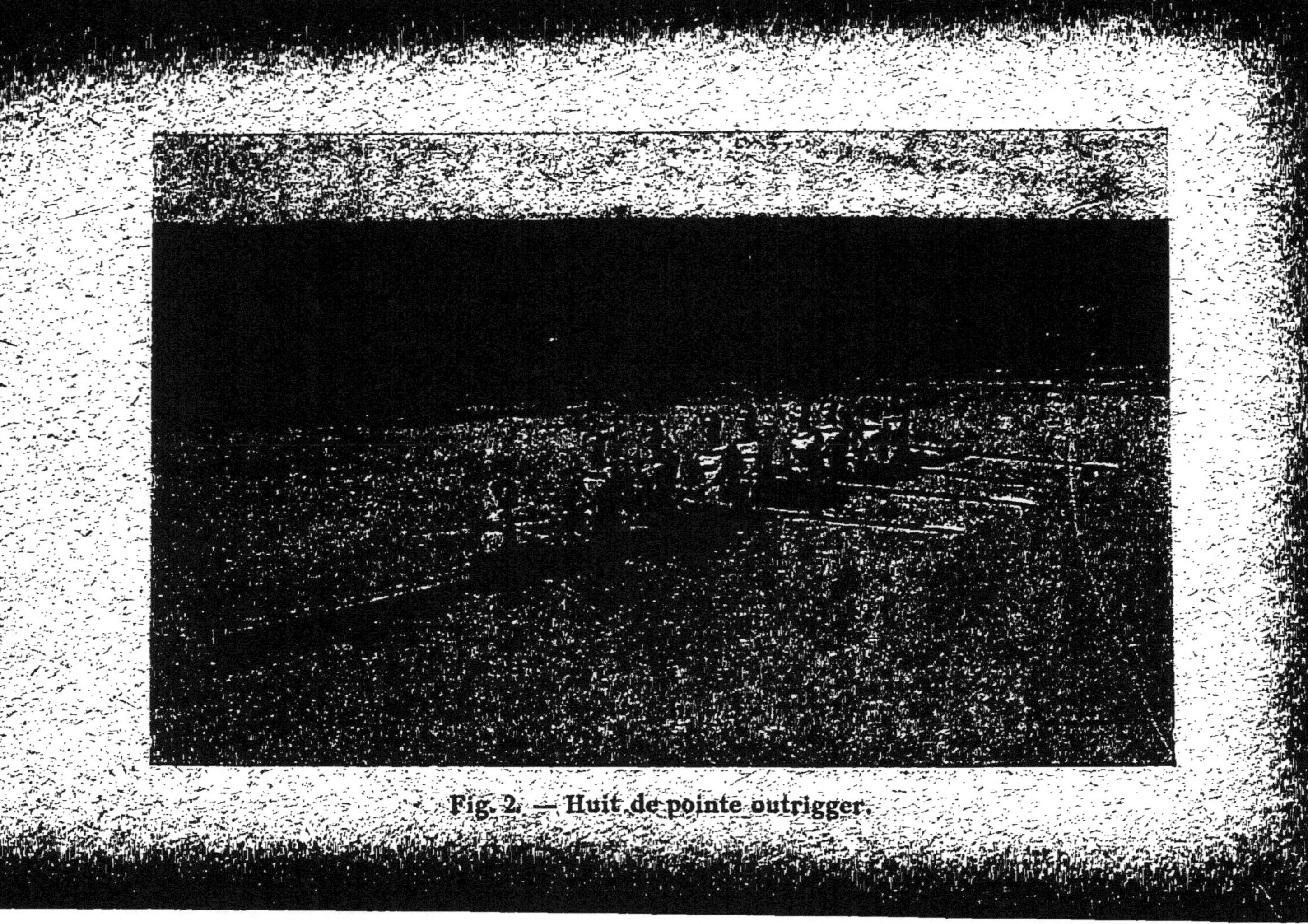

Fig. 2. — Huit de pointe outrigger.

caractérisent les bateaux fins et de vitesse. En anglais, les bateaux bordés en dehors, *outrigged*, se sont appelés *outriggers*; le mot a passé en France et y est resté. On dit *monter en outrigger*, une *course d'outriggers*, etc...

Si le bateau est très bas au-dessus de l'eau, ou s'il doit affronter des lames, on a intérêt à le *ponter*. Le *pontage* peut être en bois ou en toile, mobile ou fixe. Comme on ne saurait ponter tout le bateau, la partie restée libre pour les rameurs est protégée en avant et en arrière par des *hiloires*, sur les bords par des *bordages* qui peuvent être démontables.

Enfin chaque rameur manie un aviron à deux mains ou un aviron de chaque main. Dans le premier cas on dit qu'il tire ou rame *en pointe*, dans le second *en couple*. Si le bateau est armé en couple, le ou les rameurs sont assis exactement dans l'axe du bateau, les uns derrière les autres. S'il est armé en pointe, les bancs sont en France placés de part et d'autre de l'axe. Ceux qui tirent à bâbord, c'est-à-dire dont les portants sont fixés à la gauche du barreur ont leur siège porté à tribord et inversement. La longueur du

levier de l'aviron se trouve ainsi augmentée (fig. 3, p. 27).

A l'arrière du bateau s'assied généralement le barreur sur un siège à dossier; il tient en main les *tire-veilles* ou cordes à nœuds qui actionnent la *barre*. Les bateaux sans barreurs, à deux ou quatre, peuvent être *barrés au pied*. Le premier ou le dernier des rameurs commande les tire-veilles par un *étrier* passé à son pied.

Les rameurs sont numérotés en France à partir du barreur. Le plus près de celui-ci, sur qui tous les autres se règlent, est le *chef de nage*, ou l'*as*. On dit aussi qu'*il est à la nage*. En France la nage est toujours à bâbord.

Le rameur qui tire à tribord immédiatement derrière le chef de nage est le 2 et ainsi de suite. Un huit de pointe a donc à sa bordée de bâbord, l'as, le 3, le 5 et le 7; tribord comprend les numéros pairs (fig. 2 et 3).

C'est juste le contraire en Angleterre : le chef de nage, *stroke*, est numéroté 8; il a derrière lui le 7 à tribord et ainsi de suite. Le bout du bateau est occupé par le 1 qu'on appelle *bow*. On réserve le nom de *rowing* plutôt à la nage en pointe, celui de

Fig. 4. — Deux de pointe avec barreur.

sculling à la couple. Nos anglomanes disent :
le rowing pour le sport de l'aviron.

Ces éclaircissements étaient nécessaires
pour nous permettre de décrire avec briè-
veté, mais avec précision, les principaux
types d'emploi courant.

1º Bateaux de course.

Ce sont des outriggers à franc-bord,
pontés en toile et munis en dessous et à
l'arrière d'une petite *dérive* métallique

(*countervail*), qui assure la direction et la stabilité. (Les poids et les longueurs que nous donnons sont approximatifs.)

A : *en pointe* : le DEUX, le QUATRE, le HUIT.

Le deux de pointe (*racing-pair* ou *pair oar*) est avec ou sans barreur (fig. 4, p. 29). Très peu stable, à cause de son armement même, il exige, avec un ensemble parfait, une sorte d'instinct de l'équilibre en bateau et une habileté continue, la vraie *watermanship*. Poids 25 kilogrammes, longueur 11 mètres.

Le quatre de pointe (*racing four*) en France est généralement avec barreur, en Angleterre sans barreur. Longueur 13 mètres, poids 45 kilogrammes (fig. 5, p. 31). Sans barreur il est plus facile à lester ou du moins on s'y remet plus vite d'une embardée (fig. 6, p. 32).

Le huit de pointe (*racing eight*) est le roi des bateaux de course. C'est dans cet outrigger que se courent tous les grands matches : Oxford-Cambridge (fig. 7, p. 33); Paris-Francfort (fig. 8, p. 34); Seine contre Marne (fig. 9, p. 35), etc.

La course en huit est la principale dans

Fig. 5. — [illegible] pointe [illegible]

Fig. 6. — Quatre de pointe sans barreur. (Noter l'embardée du trois.)

Fig. 7. — L'école d'aviron

... outil de Cambridge ... dans l'eau pour tenir Oxford ...

Fig. — … huit de pointe outrigger (Maison Paris-Francfort).
… à droite devant.

Fig. 9. — Course à huit de pointe outriggers (Match Seine contre Marne).
Les bateaux qui suivent portent le juge arbitre et les différents officiels.

les régates. Longueur 18 mètres, poids 90 kilogrammes.

B : *en couple* : le skiff, le deux, le quatre, le huit.

Le skiff est l'instrument des champions et des virtuoses. Son nom, qui n'est autre que le vieux mot français « esquif », nous est revenu d'Angleterre ; mais les Anglais nomment *skiff*, *pleasure skiff*, une embarcation de plaisance, une barque quelconque de promenade et appellent le skiff *sculling boat* ou *wager boat* (bateau à paris).

On fait des skiffs de longueur diverse selon le goût du rameur ; elle varie entre 7 et 9 mètres. Grâce à l'emploi du sapin et de l'aluminium on peut arriver à lui faire peser 9 kilogrammes sans qu'il plonge du nez ou barbote à l'attaque. Le poids moyen est de 11 kilogrammes. On comprend qu'avec une telle légèreté de bateau et une telle puissance de leviers le rameur en skiff ait l'impression de planer librement (fig. 10, p. 37).

Le deux de couple appelé aussi *double sculls* joint la vitesse à la stabilité (fig. 11, p. 38).

Le quatre de couple, *sculling four*, a les

Fig. 10. — Un skiff.

Fig. 11. — Deux de couple sans barreur.

mêmes qualités, mais se monte plus rarement. Ces deux bateaux ont sensiblement
le même poids et la même longueur qu'ar-
més en pointe.

Le huit de couple, trop rare encore, n'est
pas seulement l'admiration du spectateur,
quand ses seize rames frappent l'eau ensemble. Il a une vitesse de départ et un
train tels que, bien monté, il bat le huit de
pointe, dont d'ailleurs il a la longueur et le
poids. Ce bateau est peu connu en Angleterre (fig. 12, p. 41).

La pointe a-t-elle l'avantage sur la couple ? *Adhuc sub judice lis est.* La nage en pointe est plus athlétique, plus éducative, la nage en couple plus souple, plus individualiste. Sur un long parcours, à plus forte raison en promenade, la couple est préférable. Pour ramer pendant de longues heures en pointe il faut pouvoir se déborder, c'est-à-dire changer de bord. Dans nos sociétés on dispute d'abord les championnats en pointe, puis, après le 15 août, ceux en couple. C'est la sagesse même. La couple vient achever et comme récompenser le travail de la pointe.

Les yoles et les canoës servent aussi dans les courses; mais ce n'est pas leur vraie destination; aussi les rangerons-nous parmi les bateaux de promenade ou d'excursion.

2° Les bateaux de promenade et d'excursion.

A : Les *yoles* franches ou *yoles de mer* sont des embarcations presque toujours à 6 ou 7 clins, rarement à plat bord, sans portants, à pontages et bordages de toile mobiles, armées en pointe, à deux, à quatre ou à huit rameurs, avec barreur. Leur longueur est respectivement de 8 m. 50, 10 m. 50, 14 m. 50; leur poids de 60, 90, 150 kilogrammes. Elles sont démontables en trois pièces, pour voyager sur trucks. Solidement membrées, ayant au minimum 1 mètre, 1 m. 05 ou 1 m. 15 de largeur et 35, 38 ou 42 centimètres de *creux*, elles tiennent parfaitement la lame. On court les régates en mer, à Nice, par exemple, en yole de mer. Elles servent surtout à la formation des rameurs et aux longues sorties d'entraînement ou de promenade. C'est en yole qu'on apprend à ramer, qu'on corrige ses défauts, qu'on se perfectionne (fig. 13 et 14, pp. 42 et 43.)

On fait aussi des yoles armées en couple pour un ou deux rameurs et qui ont le même usage. On appelle souvent les yoles à un des *yolettes*.

B : Les *canoës*. Ils comprennent deux genres : le *canoë à rames* et le *canoë canadien*.

Le canoë à rames est à clins ou à franc-bord, ponté et bordé en bois; il peut avoir un ou deux rameurs, avec ou sans barreur; il est toujours armé en couple; ses portants sont démontables comme ses bancs de nage;

Fig. 12. — Huit de couple outrigger.

Fig. 13. — Yole de mer à quatre, sans ses pontages et bordages.

Fig. 14. — Yole de mer à quatre, sans ses bordages.

on peut le manœuvrer à la pagaie, et même à la voile. Fort de membrures et de quille, très stable, quoiqu'à faible tirant d'eau, abritant parfaitement les bagages sous ses pontages de bois, il ne craint ni le fleuve, ni la mer, ni les bas-fonds (fig. 15).

On peut lui mettre une ou deux voiles au tiers (fig. 42, p. 114). Muni de son chariot mobile qui le transforme en brouette pour le porter à terre (fig. 16, p. 46), il ne pèse que 50 kilogrammes! Sa longueur est de 6 m. 50, celle des trucks.

Le canoë est ce que l'homme a produit de plus ingénieux et de plus parfait dans la construction des bateaux à rames.

Le canoë canadien non ponté simplifie le premier, c'est la pirogue des Indiens; on la manœuvre à la pagaie simple, *paddle*, ou à la double (fig. 17 et 18, pp. 47 et 48).

Il est encore d'autres bateaux employés dans les sociétés nautiques : l'*as* (fig. 22, p. 68), sorte de yole à un, très plate et peu stable, le *funny*, qui est un skiff plus stable, le *tub-boat*, sorte d'outrigger à clins et à portants réduits, et enfin, ne l'oublions pas, la *périssoire*, la légendaire périssoire, faite de trois planches. On fait encore des courses

Fig. 15. — Canoë à rames pour un rameur et barreur.

Fig. 16. — Canoë à rames sur son chariot démontable.

Fig. 17. — Canoë canadien manœuvré à la pagaie simple.

Fig. 18. — Canoë canadien manœuvré à la pagaie double.

Fig. 19. — Course de périssoires.

en périssoires à la pagaie (fig. 19), et c'est un excellent exercice. Mais on le considère de plus en plus comme un amusement préliminaire du bain. Tous ces bateaux sont désuets. Il reste en définitive les trois types qui répondent chacun à un besoin : l'outrigger pour l'entraînement et la course, la yole pour l'exercice et la balade, le canoë pour le tourisme.

Nous parlerons peu des avirons ou rames. On comprend que ceux de pointe (*oars*) soient plus longs et plus lourds que ceux de couple (*sculls*), qu'ils demandent tous à être rigides et légers et que le bois évidé remplisse seul ces conditions, enfin que l'incurvation et la forme de la *pelle* ou *palette* ait une grande importance pour la force et la vitesse de la passée dans l'eau.

Les avirons d'outriggers ont en pointe 3 m. 65 de longueur et 0 m. 17 de largeur de pelle, en couple 2 m. 90 de longueur et 0 m. 14 de pelle. Les avirons de yole, surtout ceux des extrémités du bateau, sont un peu plus courts. Tous sont cuirés environ aux deux tiers de la longueur totale : le levier a ainsi 1 m. 10 en pointe, 0 m. 84 en couple.

Les bateaux, pour durer, veulent être soigneusement entretenus. Tous les ans, s'ils ont beaucoup servi durant la saison, ils doivent être lavés, dévernis, grattés, revernis. Ceux qui sont peints (il n'y a guère que des yoles) seront repeints.

Il est bon de vérifier avant et après chaque sortie les bordages et les bancs à coulisses. La moindre gerce dans la coque doit être obturée, consolidée à la toile vernie. Au garage les bateaux seront placés sur leurs tréteaux, reposant la quille en l'air, d'aplomb sur leurs bords et sans aucun porte à faux. Il est bon de les recouvrir d'une toile qui les abrite de la poussière, du soleil peut-être, et des regards indiscrets. Jamais un rameur soigneux ne remet à son bateau sa housse sans avoir passé sur lui l'éponge mouillée, sans s'être assuré qu'il est dûment calé et à l'abri des chocs. Les bateaux coûtent assez cher en ce temps où la fabrication des aéroplanes a fait augmenter la main-d'œuvre, pour qu'on apporte une attention méticuleuse à leur conservation.

CHAPITRE III

Budget, équipement, hygiène du rameur.

Le budget du rameur c'est le tableau de ses recettes et de ses dépenses.

Les recettes se réduisent à rien. En France il n'y a pas de professionnels dans le sport nautique. La rame ne peut nourrir son homme. Les courses dotées de prix en espèces, dont le montant allait d'ailleurs aux sociétés, n'existent plus.

Elles avaient, elles ont encore leurs partisans. Ils font valoir que les prix en espèces, alimentant la caisse sociale, permettaient l'achat et l'entretien d'un matériel excellent et que les rameurs, stimulés par l'esprit de corps autant que par leur intérêt indirect, avaient à cœur de lutter pour leurs couleurs. L'amateurisme pur a prévalu.

Cependant il faut remarquer qu'une société nautique a des frais considérables, dont nous parlerons au chapitre suivant, et qu'elle ne saurait élever ses cotisations sans éloigner le rameur. Ce dernier, en effet, doit payer, outre sa cotisation annuelle (généralement de 60 francs) des frais accessoires, tels que : garage de son bateau, s'il en possède, frais d'entretien dudit, frais de déplacement pour venir au cercle, frais d'équipement enfin. Ils sont tous minimes, j'en conviens, si on les compare aux joies et aux bienfaits que procure l'aviron. Du moins grèvent-ils un budget de jeune homme et faut-il s'efforcer de les réduire, si on veut attirer au sport de l'aviron un nombre croissant de fervents.

Le costume du rameur est simple : une culotte courte et large en drap permettant la flexion des jambes, ou bien une culotte de jersey, un maillot à manches courtes, une paire de chaussures usagées, des bas ou des chaussettes, un gros et long chandail, que l'on retirera quand on sera embarqué et prêt à ramer, enfin une casquette ou un mouchoir sur la tête : voilà tout le costume du rameur. Il n'est guère dispendieux, ni encombrant, ni lourd à transporter.

Dans l'équipement du rameur je comprendrais volontiers une paire d'avirons de pointe. Rien n'est plus agréable et plus utile pour bien ramer que d'avoir ses avirons, au poids, à la poignée, à l'attaque desquels ont est habitué. Et puis, c'est excellent pour les finances du club.

Dans le budget du rameur il n'y aura de chapitre ni pour le médecin ni pour le pharmacien. C'est un fait que l'aviron conserve à ses fervents la santé et la jeunesse. Non pas que la rame impose un régime plus ou moins ascétique, même aux périodes d'entraînement actif en vue d'une épreuve; mais elle est ennemie des excès de toute sorte, parce qu'ils sont ruineux pour la vigueur de l'homme. Pour être et rester un bon rameur il faut se maintenir en condition, ne pas se laisser envahir par la graisse, lutter contre la tyrannie très déprimante de la sédentarité, ce lent supplice des civilisés. L'hygiène du rameur, c'est tout simplement l'hygiène et elle se résume en ces mots : sobriété, propreté, exercice modéré et régulier au grand air.

CHAPITRE IV

Les sociétés nautiques.
Matériel et administration.

Le rameur ne peut guère se former, s'instruire, se développer que dans une société nautique où il y a des anciens, des maîtres, une tradition. A l'avenir des sociétés d'aviron est lié l'avenir du sport nautique.

Or la vie a été dure à ces sociétés, dont l'objet principal est l'encouragement à l'art de ramer. Inconnues ou négligées des pouvoirs publics, peut-être pour leur bien, elles ont dû subir sans secours des crises terribles dont l'une fut l'avènement de la bicyclette. Sitôt qu'elles parurent, les deux roues firent délaisser les rames. Elles tuèrent le canotage, ce qui fut un immense bienfait, mais affaiblirent malheureusement aussi la fidèle petite troupe des rameurs, épris de beau style et de vrai sport. L'automobile, à son tour, est venue qui a presque anéanti le tourisme cycliste, et l'on retourne à l'aviron dont on comprend mieux la valeur primordiale.

Les sociétés nautiques, ne vivent que par les cotisations de leurs membres.

Ceux-ci sont divisés généralement ainsi :

1° Les membres *fondateurs*, ayant fondé la société ou versé une somme initiale, par exemple de 300 francs, qui les a libérés à vie de toute cotisation ;

2° Les membres *actifs*, payant 60 francs ; ils montent les bateaux de la société sous la direction et le contrôle du capitaine ;

3° Les membres *titulaires*, payant 20 francs, ils montent leurs bateaux et ont droit au garage, au gardiennage moyennant un droit fixe qui est généralement de 25 francs par an et par bateau ;

4° Les membres *honoraires*, qui portent les couleurs de la société, mais ne montent plus en bateau. Ce sont en général d'anciens rameurs. Ils paient 5 ou 10 francs.

La société est administrée par un Comité que nomme une Assemblée générale annuelle. Il comprend : le président, deux vice-présidents, un trésorier, un secrétaire, un capitaine d'entraînement, un gardien du matériel. Les statuts de chaque société précisent les fonctions, les devoirs et le mode d'élection de ces dignitaires. Le trésorier et le gardien du matériel sont assurément les plus occupés. Ils ont charge de l'avoir social : numéraire et matériel.

L'administration de la société devient aisée, si chacun y met du sien, si les cotisations sont payées régulièrement, si les biens de la société sont sauvegardés par tous, tous pour chacun. C'est pourquoi les admissions ne doivent être prononcées que sur une présentation faite par des parrains responsables. Soyons peu nombreux, mais que la bonne entente, la camaraderie soient parfaites. Le sport de l'aviron, ayant quelque chose d'individuel, comporte toujours des rivalités de personnes. C'est le devoir du Comité de les atténuer, ou de les étouffer même: Durant la période d'entraînement, la nervosité devient générale, des susceptibilités sont sans cesse excitées. C'est là une sorte de fatalité qui vient à chaque saison de courses semer l'inquiétude, la défiance, parfois même le désaccord parmi les équipes et les membres du cercle. C'est encore au Comité que revient la charge de calmer les têtes échauffées, d'atténuer les paroles amères, de donner l'exemple d'une sérénité courtoise et d'une franchise d'opinion qui n'exclut pas la bonne camaraderie.

Au Comité incombe encore le soin d'administrer les finances, d'établir le budget. Les recettes, nous les avons dites : les cotisations et quelques droits de garage. Une société nautique ne fait pas payer d'entrées sur le terrain comme un club de football ou de courses à pied aux jours de matches ou de championnats. Et pourtant ses frais sont considérables : location d'un garage pour les bateaux, d'un vestiaire pour les rameurs, ou, ce qui est plus simple, d'un garage spécialement construit pour elle ; — traitement au gardien du garage, auquel d'ailleurs on assure le logement ; achat et entretien des bateaux (un outrigger à huit coûte 1.800 fr.) ; frais de transport des bateaux si la société prend part à des régates ; impôts ; cotisations aux groupes régionaux et à la Fédération ; prix offerts aux vainqueurs des régates données par la société ; frais de correspondance et de recouvrements ; primes d'assurances contre l'incendie, le vol, les inondations ; éclairage et chauffage, etc. La liste est, longue et pourtant incomplète. On comprend dès lors pourquoi nos sociétés d'aviron sont presque toutes très gênées dans leurs finances, pourquoi il s'en fonde peu, pourquoi enfin la propagande n'est pas plus active.

Pourtant les mérites excellents de l'aviron exigent que cette situation précaire se transforme en prospérité. Ne comptons que sur nous. N'attendons aucun secours miraculeux de qui que ce soit; mais demandons-nous aussi, sincèrement, si nos sociétés nautiques sont assez attrayantes en elles-mêmes, si elles peuvent, telles qu'elles sont, gagner un grand nombre d'adhérents. Nous ne le pensons pas. Qu'on compare seulement avec une de ces coopératives de sports où le jeune homme pour 60 ou 90 francs par an peut tour à tour, dans un site charmant, courir à pied, jouer au tennis, au cricket l'été et l'hiver au football rugby ou association, au hockey, tout cela dans des conditions matérielles excellentes, avec de nombreux camarades, devant un public choisi, élégant et sympathique; qu'on compare à cette diversité alléchante, à ce luxe, nos garages solitaires et silencieux dans les longs mois d'hiver; ne s'explique-t-on pas que l'aviron apparaisse comme un sport trop austère, trop froid pour séduire nos jeunes gens épris de mouvement et de gaieté, avides surtout d'émotions sans cesse renouvelées?

Il faut changer la vie intérieure des sociétés nautiques, retenir les hésitants, attirer de nouvelles recrues en imitant cette variété qui féconde les sociétés athlétiques. Je sais tel garage qui possède une salle d'escrime, de boxe et de lutte, un gymnase, une salle de billard. C'est là une précieuse indication, une ressource d'intérêt pour les mois d'hiver. Telle autre a son tennis ou son jeu de water-polo qui intensifient les joies de l'été en les variant. L'avenir est là. Puisqu'on ne peut songer à augmenter les recettes en augmentant les cotisations et que, d'ailleurs, il n'y a pas d'autres recettes possibles, il reste bien à augmenter le nombre des membres. Afin d'attirer à elles, les sociétés nautiques devront devenir des centres de vie, des foyers de propagande sportive.

Voici comment devrait être installée toute société nautique. Ce n'est point là un rêve. Nous décrivons un type qui existe chez nous en plusieurs endroits.

Le garage est construit non loin de l'eau,

Fig. 20. — Mise à l'eau d'un outrigger à huit.

autant que possible dans une île. Une rampe en pente douce y mène de la berge (fig. 20, p. 61). Il comprend un rez-de-chaussée et deux étages. Le rez-de-chaussée est constitué par un vaste hangar aux larges baies, où les bateaux reposent sur de solides portants en bois. Le long des murs les avirons de couple et de pointe sont alignés dans des râteliers. Çà et là des tréteaux de secours. Un petit escalier intérieur conduit directement les rameurs au second étage. A côté du hangar, et communiquant avec lui, est l'appartement du gardien. On accède au premier étage et au second par un escalier ouvert sur la façade. Le premier étage comprend une salle de réunion pour les assemblées, les conférences, les soirées, les banquets, une salle à manger, une salle d'escrime et de boxe, le secrétariat.

Au second étage sont les vestiaires comprenant des armoires pour les vêtements, des douches, des lavabos. Il est utile aussi qu'il y ait quelques chambres pour ceux qui tiennent à être chez eux et qui, lorsqu'ils s'entraînent le soir, couchent au garage. A chaque étage des water-closets. Il est nécessaire aussi qu'un bon calorifère chauffe les deux étages et les appartements du gardien..

Le garage comporte des annexes : un petit atelier de réparation et son matériel, une remise à bicyclettes, un hangar pour autos où l'on abritera le chariot spécial destiné au transport des bateaux, un ponton d'embarquement solide et stable, un bateau de sauvetage avec bouée et boîte de secours, une cave, etc.

La berge doit être soigneusement entretenue, ainsi que la descente au ponton, ornée de fleurs et d'arbrisseaux. Derrière le garage, ou autour de lui, on peut installer un petit jardin de repos; un tennis ou deux. Une terrasse au premier étage devant la salle de réunion n'est pas un accessoire inutile : c'est l'endroit d'où l'on voit le mieux la rivière ou le lac, où l'on prend l'air... et le thé.

On ne fonde donc pas une société nautique viable comme un club de courses à pied ou de football avec quelques centaines de francs et petit à petit. Il faut des dizaines de mille francs et dès le début. C'est pourquoi les sociétés nautiques sont peu nombreuses, mais aussi très solides et souvent très anciennes.

CHAPITRE V

La manière de ramer et de barrer.

Nous n'avons pas la prétention d'apprendre au lecteur à ramer en quelques mots, ni même avec beaucoup de mots. On apprend à ramer en bateau, sous la direction d'un maître expérimenté, comme il en est dans les bonnes sociétés nautiques. Les conseils qui suivent ne sont que le commentaire de nos photogravures. Puissent-ils convaincre le lecteur non averti que ramer est un art long, difficile à apprendre, mais d'une beauté et d'un intérêt passionnants !

Le coup d'aviron est un mouvement d'ensemble de l'appareil musculaire. Il comporte un rythme, que l'œil exercé peut suivre, que les mots, en l'analysant, annihilent.

Quoique le balancement du rameur soit

ininterrompu, nous diviserons cependant le coup d'aviron en le prenant à des moments extrêmes. Mais qu'on ne croie pas que ces moments soient des temps d'arrêt. Les images photographiques, ou plutôt cinématographiques, tendraient à donner cette idée fausse.

Les six moments que nous choisissons sont : l'attaque, la passée dans l'eau, le dégagé, le renvoi des mains, le retour sur l'avant, la préparation de l'attaque.

1. L'attaque. — C'est la position initiale, et pour ainsi dire de départ, le buste droit, légèrement penché en avant, les bras allongés, les épaules en arrière, les mains au bout des avirons et dans le prolongement de l'avant-bras, une main d'écart entre les deux mains quand on tire en pointe (fig. 21).

Défauts à éviter : faire trop d'avant, c'est-à-dire se trop pencher en avant, voûter son dos; porter les épaules en avant, avoir les poignets pliés ou contractés, ne pas tenir ses avirons au bout, laisser tomber sa tête ou au contraire la renverser; attaquer en *sifflet*, c'est-à-dire la pelle n'étant pas normale à l'eau, ce qui fera couler l'aviron, etc.

Fig. 21. — Bonne position pour attaquer.
Noter la position des pouces.

(Cette figure et les suivantes sont posées sur une machine
à ramer, *rowing machine*, utile surtout comme appareil
gymnastique et de démonstration. Elle nous a été prêtée
obligeamment par la maison Williams.)

(fig. 22 à 25). Chacune de ces fautes d'atti-
tude affaiblirait l'attaque, ou amènerait une
embardée, le coup profond qui déleste le
bateau (fig. 6, p. 32).

Ce n'est pas tout d'avoir une bonne position pour attaquer : il faut partir. Attention ! C'est le mouvement initial et décisif. Les pelles de l'aviron sont bien dans l'eau, normales à la surface et juste couvertes. L'aviron est construit de telle sorte que si on l'abandonne alors il reste dans sa position à fleur d'eau et normal. Je n'ai donc aucun effort à donner pour le maintenir ; mes bras allongés peuvent et doivent rester souples. Pour attaquer, lancez votre dos en arrière, comme si vous vouliez enfoncer une porte, partez des épaules, les reins servant de pivot ; et prenant appui sur vos pieds, tâchez de casser la barre de pied ! Jamais l'attaque ne sera assez instantanée, ni assez vive. Elle enlève le bateau et le lance. Elle est le travail le plus utile. Tout le reste du coup ne va servir qu'à prolonger l'effet de l'attaque et surtout à ne pas lui nuire. Plus un bateau est fin et léger, mieux il répond à l'attaque. Inversement, en bateau fin, il n'y a d'effort qui rende qu'à l'attaque, lorsque l'eau craque.

2. **La passée dans l'eau.** — C'est la suite de l'attaque, sa continuation, les bras restent allongés et souples ; le corps se renverse

Fig. 22. — Attaque défectueuse : les poignets sont
pliés, les bras contractés, les reins non cambrés.

Fig. 23. — Attaque défectueuse : le dos est voûté,
les bras non allongés,
la pelle droite ne couvre pas l'eau.

en arrière jusqu'à faire avec la perpendicu-
laire un angle d'environ 30° et il entraîne

Fig. 24. — Attaque incorrecte : les bras ne sont pas
assez allongés,
les pelles ne couvrent pas l'eau.

Fig. 25. — Attaque incorrecte : comme ci-dessus,
les mains un peu trop basses
et, de plus, les reins ne sont pas assez cambrés.

l'aviron avec la vitesse qu'a acquise le bateau
par l'attaque : cela est essentiel (fig. 26).

Fig. 26. — La passée dans l'eau : position correcte.

Si vous passez dans l'eau trop lentement vous arrêtez le bateau. Surtout n'allez pas tirer à la fin du coup, *souquer*. Un bateau lourd qu'on bouge difficilement à l'attaque vous y entraîne. Évitez les bateaux lourds ou les avirons qui, mal cuirés, attaquent en sifflet, vous forçant à rentrer dans l'eau la hampe de l'aviron et par suite à arracher la

Fig. 27. — Mauvaise passée dans l'eau. Le buste est voûté au lieu de rester droit ; la tête dans les épaules au lieu d'être haute ; les bras pliés et contractés au lieu d'être allongés et souples. Enfin la coulisse est partie avant les épaules. Conséquence : le rameur pousse des jambes ; les mains ne sont pas à la même hauteur ; le bateau est délesté ; l'embardée inévitable.

fin du coup ; en mer quand on rame debout, il est permis de *souquer*, en rivière aussi quand on tient à retrouver le coup du passeur (fig. 27).

Fig. 28. — Bonne fin de coup (profil).

3. Le dégagé. — Vous êtes à la fin de la passée dans l'eau, votre corps incliné à environ 25° ou 30° en arrière. Inutile d'aller plus loin. Aucun travail n'est produit. Il faut sortir la pelle de l'eau, la *dégager*. Si elle est restée normale à la surface dans tout son parcours et juste recouverte par l'eau, vous n'avez qu'à baisser légèrement les mains d'un petit coup sec : vous avez dégagé. Ce petit coup doit être rapide, net. Aucun

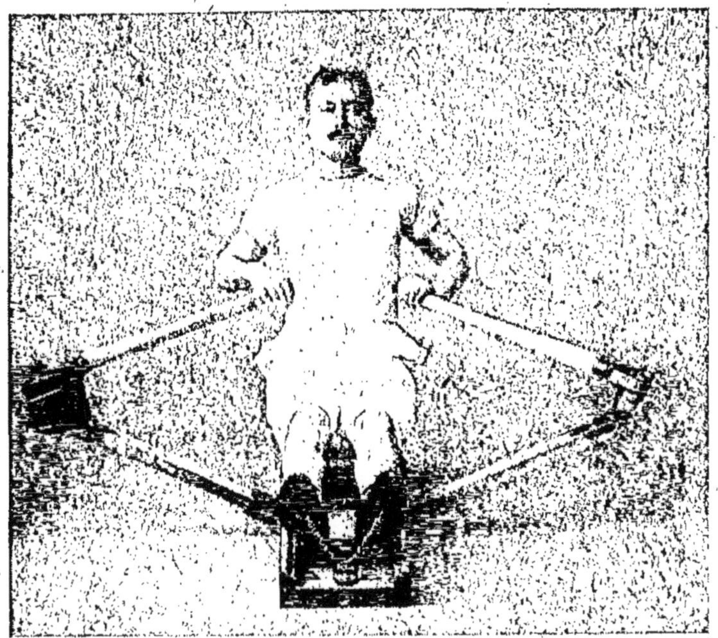

Fig. 29. — Bonne fin de coup (face) : les jambes sont allongées; le corps doit encore se renverser légèrement en arrière pour permettre un dégagé net. Noter que le poignet gauche n'a pas la bonne position, laquelle est donnée par le poignet droit.

paquet d'eau ne doit être soulevé (fig. 28 à 30).

En dégageant bien, on n'arrête pas le bateau, ce qui est essentiel. Pour obtenir ce dégagé franc et instantané, gardez les coudes au corps; ne vous jetez pas en arrière, ne

Fig. 30. — Bon dégagé ; les poignets se renversent
avant le renvoi des mains.

vous courbez pas en deux (fig. 31 à 33).
C'est le poignet, en s'abaissant, et non le
corps qui dégage.

4. **Le renvoi des mains.** — Votre pelle
sortie de l'eau et normale ne peut rester là
à battre l'air, à faire voile pour prendre le
vent. Aussitôt qu'elle est dégagée, renversez
vos poignets à angle droit avec l'avant-bras
et la pelle devient horizontale, et en même
temps que vous renversez les poignets chas-
sez vos bras en avant avec autant de vitesse
et d'énergie que si vous donniez un coup de
poing : c'est le *renvoi des mains*.

Son effet est double : il empêche l'aviron

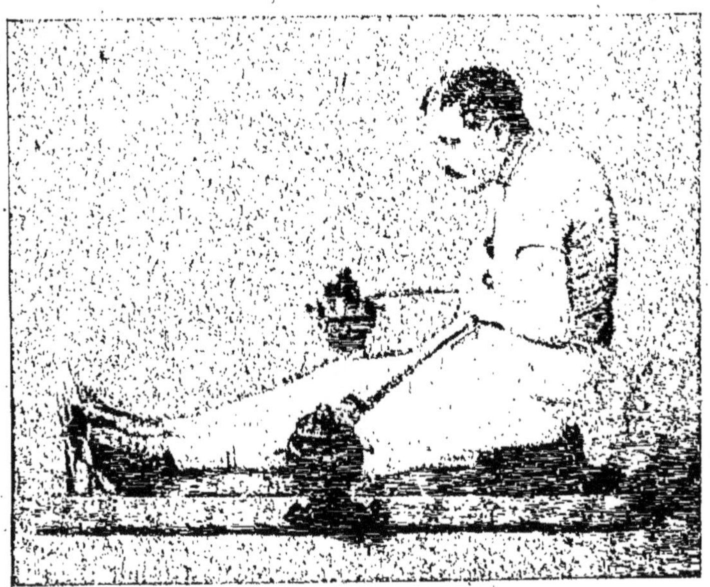

Fig. 31. — Mauvaise fin de coup et mauvais dégagé :
le corps n'est pas assez penché en arrière; les
coudes sont éloignés du corps; l'épaule droite est
plus levée que l'épaule gauche; les poignets dé-
gagent dans le ventre.

de se faire prendre par l'air et il aide fortement vos muscles abdominaux à vous relever pour revenir sur l'avant. Naturellement
il ne faut pas que l'aviron vienne *plumer*,
c'est-à-dire frôler l'eau à plat : ce frottement
arrête le bateau.

Fig. 32. — Mauvaise fin de coup : trop d'arrière; les bras trop écartés; le buste ne pourra plus se relever que par un à-coup qui arrêtera le bateau.

5. Le retour sur l'avant. — C'est le redressement du tronc et la flexion des jambes pour reprendre la position initiale. Il doit s'effectuer avec lenteur et souplesse, sans à-coup. C'est l'instant où le rameur fait une profonde aspiration. Un retour brutal, saccadé, arrête le bateau (fig. 34 et 35).

6. La préparation de l'attaque. — Entre la fin du retour et l'attaque, il y a un très

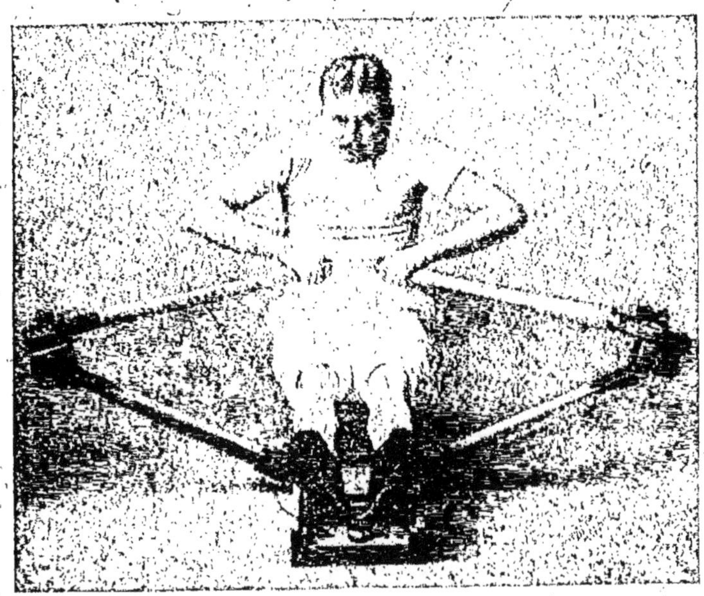

Fig. 33. — Mauvaise fin de coup : les coudes écartés, les épaules levées, les mains dans le ventre.

très court moment où le rameur revient en souplesse, ou, comme on dit, en mourant, cale bien ses pieds et rectifie la position des mains et des épaules, en un mot assure le coup en tendant son attention : c'est la préparation de l'attaque, de laquelle dépend l'attaque elle-même.

En somme attaquer des épaules avec force et vitesse, ne pas tirer à la fin du coup, dégager nettement et renvoyer les mains

Fig. 34. — Bonne fin du retour sur l'avant, préparation de l'attaque; le rameur doit fléchir encore un peu les jambes et incliner le buste en avant, sans déranger la position de la tête ni celle des épaules, avant d'être tout à fait prêt à attaquer.

avec une extrême vivacité, puis revenir lentement sur l'avant, voilà ce travail eurythmique de l'aviron qu'on appelle le *style*.

Quand on a du style, on n'est pas encore un rameur accompli; il faut avoir de l'éner-

Fig. 35. — Même position, dans un as.

gie et pouvoir ramer en équipe. En équipe, la qualité primordiale c'est l'*ensemble*. C'est pour acquérir l'ensemble parfait que les équipes s'entraînent régulièrement. Le spectateur ignorant ne se représente guère ce que représente d'étude et d'efforts la nage parfaite d'un huit.

Ai-je besoin d'ajouter que le bon style en bateau est aussi le plus beau et le plus effectif? En promenade c'est le rameur qui a le meilleur style qui est le moins fatigué. Les explications précédentes suffisent à l'expliquer.

Le barreur a une importance plus grande qu'on ne le croit généralement. Il doit aider

les rameurs à embarquer et à débarquer, à
sortir le bateau du garage et à l'y rentrer.
Assis sur son banc et les tire-veilles en
main, bien raidies, il doit, si l'on est monté
en pointe, se préoccuper de l'équilibre du
bateau, et pour le bien lester, se déplacer
un peu à tribord ou à bâbord si l'une des
deux bordées pèse plus lourd que l'autre,
fait qu'il remarque pendant le retour sur
l'avant. Il ne doit faire agir la barre que par
petits coups et seulement quand les pelles
sont hors de l'eau. A lui la direction du
bateau, dont il est l'œil.

Il doit surveiller l'eau, guetter une épave
possible, un obstacle inattendu partant
d'une berge sous la forme d'un *canotier*
inepte ou d'un chien nageur. Sauf en course
d'outriggers, où les barreurs sont choisis
jeunes afin qu'ils n'excèdent guère 50 kilos,
le barreur a généralement le commandement
du bateau, selon les formules consacrées.

Pour partir : *Sur l'avant!* Les rameurs s'y
mettent, dans la position décrite page 65.
Les pelles dans l'eau! Les rameurs sont prêts
à l'attaque, les pelles recouvertes par l'eau
et normales. Puis l'énergique : *Partout!* qui
enlève l'équipe bien ensemble.

Aperçoit-il un obstacle? Pour ralentir, il crie : *Stoppe!* autant que possible au moment du renvoi des mains; et, s'il faut immobiliser le bateau, qui autrement resterait sur son *lancé* ou *erre*, il ajoute : *Scie partout!* Les rameurs entrent leurs avirons dans l'eau comme pour *dénager*, c'est-à-dire ramer à l'envers.

S'il faut reculer, le barreur commande : *Dénage partout!* Si l'on va frôler un obstacle, pour éviter aux avirons de toucher, il crie : *laisse couler, tribord* ou *laisse couler, 1 et 3!* les rameurs se renversent en arrière et laissent couler les avirons le long du bateau.

Pour virer sur bâbord : *Stoppe, bâbord! Rabats, tribord!* C'est le virage le plus usuel, la nage étant à bâbord (voir p. 28). Le bateau tournera plus court. On peut activer le virage en faisant scier bâbord ou simplement l'as et le trois. Par exemple, le barreur commandera : *Scie, un et trois! Rabats, sept et huit!*

Pour accélérer la vitesse afin de dépasser ou de devancer un autre bateau, il demande : *Dix coups!* L'équipe enlève ces dix coups (ou huit, ou cinq) avec énergie, comme si elle était en course.

En course, le barreur doit observer les équipes adverses, tenir sa ligne, ne gêner, ni ne couper aucun concurrent, obéir à toutes les injonctions du juge-arbitre. En excursion, il doit s'ingénier à trouver le fort courant si on descend, à éviter les remous des ponts ou des bateaux, à se mettre autant que possible debout aux lames si un rapide remorqueur ou autre vapeur vient à en soulever de menaçantes, à suivre habilement les eaux mortes près des berges quand on remonte, enfin, si on voyage en pays inconnu, à bien lire sa carte, tout en restant, comme la sentinelle, attentif de l'œil et de l'oreille.

Dans les promenades, c'est souvent une dame qui barre. Ce rôle lui convient à merveille; mais est-ce le seul qui lui soit réservé? La nage à banc fixe est pour la femme un excellent exercice qu'il faut d'autant moins lui refuser que les sports féminins sont peu nombreux. Dans certains pays, en Italie particulièrement, il y a aux grandes régates des courses de dames (fig. 36, page 83). Nous ne disons pas que nous les approuvons. Du moins elles démontrent que si l'aviron devient parfois

pour la femme un sport, il peut être à
coup sûr une forme de promenade et
d'exercice plus charmante, plus élégante et
plus saine pour elle que l'excursion à bicyclette.

CHAPITRE VI

L'entraînement.

L'entraînement à l'aviron est, plus que tout autre, complexe et délicat. Simultanément il doit donner au rameur l'habileté, la perfection du style et la vigueur physique. Ici s'entraîner veut dire apprendre à bien ramer et à bien ramer vite, fort et longtemps. Est-ce tout? Oui, pour un rameur en skiff; non, dès qu'on monte à deux, à quatre ou à huit. Il faut alors s'entraîner ensemble. Et l'on devine que de difficultés de tout ordre surgissent à chaque instant. On peut toujours compter sur soi; mais sur trois ou sept co-équipiers? J'admire toujours un beau huit, moins pour la vigueur, le style et l'ensemble des jeunes hommes que pour la parfaite camaraderie qui les lie.

A l'aviron il est impossible de s'entraîner seul. Le skiffer, comme l'équipe à huit, réclament les conseils et les soins d'un entraîneur. Si on ne peut en avoir un professionnel, comme en possèdent les grandes sociétés, il faut se confier à un capitaine d'entraînement, ancien rameur expérimenté et dévoué, qui voudra bien accepter cette fonction souvent pénible, parfois délicate, toujours accaparante.

Ce capitaine, ou *coach*, doit assister à chaque séance d'entraînement, barrer l'équipe ou, mieux encore, la suivre sur la berge, corriger les défauts avec énergie mais sans blesser, donner des conseils sur le régime à suivre et l'alimentation, lutter contre cet énervement fatal dont nous parlions page 57, et reparlerons p. 93, ne pas hésiter à changer un homme de place ou même à le débarquer, si l'intérêt des couleurs l'exige, bref, être la vraie tête qui pense à tout et ordonne tout dans l'intérêt général. Un bon *coach* est *rara piscis*.

Il n'entre pas dans le cadre de ce petit livre de donner des conseils longs et précis sur la façon de s'entraîner pour chaque épreuve spéciale. Aussi bien notre pensée a toujours été que l'entraînement n'est pas une science à lois et formules fixes, mais un art qui sait s'adapter à chaque sujet, tenir compte de son tempérament, de son passé, de ses moyens physiques. Dans cette thérapeutique l'expérience d'un praticien vaut mieux que cent livres théoriques. Remettez-vous donc au capitaine d'entraînement. Confiez-vous à lui.

Si l'on considère dans l'entraînement la lutte contre la fatigue, on éprouvera la vérité de ces remarques suggérées à l'auteur par une longue pratique de différents sports.

Chaque individu se fatigue d'une façon particulière à lui et invariable. Dans toute course le moment difficile, *punctum difficile,* se produit toujours, et toujours au même endroit de la course pour chaque individu. En cet instant pénible, il ne faut jamais réagir fortement et brusquement, mais tenir bon et attendre. C'est l'instant où le coureur à pied doit se contenter de suivre, le rameur de s'allonger.

La fatigue est un total. Chaque individu a une certaine capacité de résistance. Il doit la jauger. Tout travail, quel qu'il soit, est une perte de force, une fuite dans la grande bouteille de Leyde encéphale. Éviter les fuites c'est le principal de l'entraînement. La mauvaise alimentation, l'inactivité musculaire, les émotions, le travail intellectuel diminuent la résistance à la fatigue. Proverbe antique : nul ne peut servir à la fois Hercule, Vénus, Bacchus et Minerve. Choisissez.

De toutes les causes l'exercice est celle qui augmente le plus la force du muscle. L'entraînement ou exercice suivi, régulier et normal, c'est donc le plus sûr garant de victoire. L'entraînement n'ajoute d'ailleurs pas aux muscles une seule cellule fusiforme de plus. Tel on naquit, tel on vivra. Mais l'entraînement change la *nature* du muscle.

La fatigue est en effet une altération chimique produite dans les tissus musculaires par l'accumulation de certaines substances qui arrêtent la contraction. La fatigue est donc un *empoisonnement des cellules*. Si on élimine ces poisons aussitôt qu'ils sont produits, on rend le muscle capable de travailler indéfiniment. Or, l'exercice normal et régulier habitue le muscle à éliminer vite ces déchets nocifs. L'entraînement permet donc la *répétition* du travail.

Première conséquence :

L'homme le plus fort, c'est-à-dire le plus musclé, n'est pas celui qui rend le plus. Il ne faut point confondre force et travail. Sur un parcours donné, un homme entraîné, c'est-à-dire capable de nourrir vite ses muscles d'oxygène, et d'éliminer aussitôt et complètement les résidus de la combustion, bat n'importe quel pseudo-athlète non entraîné, à pied, à bicyclette, en bateau, toutes autres conditions, l'adresse surtout, étant égales.

Seconde conséquence : c'est une folie absurde de soulever des poids et des haltères sous prétexte de se rendre fort. On déchire ses tissus et on s'alourdit ; voilà le seul résultat obtenu. Employez des tenseurs élastiques peu résistants ou, à défaut, des haltères très légers, et cherchez à aller vite, souplement et longtemps. A bicyclette, on n'augmente pas sa vitesse en grandissant sa multiplication, mais, celle-ci étant calculée selon la *force* donnée et à peu près *invariable* du cycliste, en permettant aux jambes un mouvement plus rapide, plus souple, et de plus longue durée, grâce à l'entraînement. En bateau inutile de vouloir tirer de plus en plus fort, de *bœuffer*, on doit activer la nage, la passée dans l'eau restant aussi puissante qu'avant, ni plus, ni moins.

Troisième conséquence : la friction, et, parfois le massage sont *indispensables* à l'entraînement. En effet, par une compression souple et habilement opérée on peut forcer les déchets nuisibles à circuler plus vivement dans le système vasculaire, et à s'éliminer plus tôt, véhiculés par le sang. J'ai vu à la porte du vestiaire de certain club anglais cette inscription : « Défense de sortir sans être frictionné ». La recommandation est bonne déjà en hiver pour empêcher les coups de fouet ou déchirements soudains du muscle dus à sa rigidité; elle est valable aussi pour ceux qui se rhabillent après l'exercice.

Si on n'a pas de masseurs professionnels comme en ont des clubs anglais et américains, c'est un service qu'on doit se rendre entre camarades. La friction, *a fortiori* le massage habile, font plus que trois heures de repos. Encore une fois : *défense de se rhabiller sans être frictionné*. Il faut placarder cet ordre impérieux dans tous les vestiaires.

Le muscle fatigué n'a plus la même constitution chimique que le muscle reposé : *il est autre;* en cet état de fatigue, tout travail effectué par le muscle lui nuit plus qu'un travail plus grand accompli en l'état normal. Le muscle fourbu est *perdu* pour plusieurs jours. La courbature générale n'a qu'un remède : le repos et l'absorption de plusieurs verres d'eau sucrée chaque jour. On doit éviter à tout prix la courbature. Le grand art de s'entraîner c'est d'observer une sage progression dans le travail quotidien telle que jamais, jamais on n'arrive à l'épuisement. Le travail possible le jour d'une épreuve est certainement plus grand si jamais on ne s'est surmené à l'entraînement. On doit rentrer après chaque exercice avec le sentiment qu'on pourrait donner encore plus. Jamais il ne faut même pressentir qu'on était à bout. C'est la science et l'expérience réunies du chef d'entraînement qui, seules peuvent obtenir ce résultat si rare et si désirable, grâce à un habile choix du parcours quotidien.

La fatigue rend le muscle extrêmement sensible aux variations du travail à accomplir. Un gymnaste développe-t-il cent fois de suite un haltère de 3 kilogrammes ? Ajoutez à cet haltère seulement 50 grammes, en quelques instants les muscles seront fourbus, incapables de se contracter. C'est pourquoi le coureur cycliste a raison de vouloir une machine légère. Un kilogramme en plus n'est rien pour le touriste. Mais 250 grammes au moment où la fatigue commence à se faire sentir, c'est un poids mort suffisant pour distancer deux concurrents, tous autres facteurs de vitesse étant égaux. Ainsi ce n'est pas dans le milieu, c'est à la fin du parcours que le poids de l'appareil devient important, capital même. C'est une injustice et une folie de faire lutter entre eux des bateaux de même gabarit ayant 20 ou 30 kilogrammes de différence. Encore une fois le poids de l'appareil moteur, homme et monture, devient important au moment de la fatigue, c'est-à-dire en fin de course. Dans un enlevage ou un démarrage, comme aussi dans une belle et sévère lutte sur le poteau, le plus léger a toujours l'avantage, l'instant de la roideur étant retardé pour lui.

La fatigue se traduit non seulement par une dépression physique, mais par une grande nervosité. C'est cet effet qui rend si difficile l'entraînement en équipes. L'homme fatigué par l'exercice devient très facilement irritable. Quand on arrive, comme certains professionnels, à la limite de l'effort humain possible, l'irritabilité devient une courte folie de persécution. Que l'entraîneur ne songe pas à faire aux hommes fatigués des observations, sur quelque sujet que ce soit. Lorsqu'est venue la lassitude, même inconsciente, toute parole, *de qui que ce soit,* toute remarque, *quelle qu'elle soit,* paraît alors inutile ou absurde. Quand les reproches mutuels commencent entre équipiers, ou les invectives à autrui, c'est un signe certain que l'entraînement a été trop brusque. La dissociation de l'équipe menace. On peut même dire qu'elle est déjà commencée.

La courbature peut résulter non seulement d'un travail exagéré, mais d'un refroidissement. Il faut donc éviter avec une attention méticuleuse les refroidissements lents ou rapides, suivis de coryza ou non. A cette fin le chef d'entraînement doit exiger impérieusement qu'on revête un long, *très long* shandail de laine *aussitôt après* l'exercice, ne dût-on rester que 30 secondes immobile.

A l'entraînement, il ne faut jamais *sentir le frais* dû à l'évaporation de la sueur ou à l'humidité ambiante. Celui qui le sent est plus éprouvé en ses muscles (et je ne dis rien de ses poumons) que par trois chutes sur un sol dur. A quoi bon surveiller sa nourriture et son exercice si on commet de si graves fautes ?

La contraction et la détension, qui constituent tout le travail musculaire, ont une rapidité différente en chaque athlète. Le prompt passage de l'état de repos à l'état de tension est la qualité athlétique par excellence. Tout l'effort de l'entraînement doit donc être d'amener le rameur à transformer instantanément l'abandon complet du retour sur l'avant en une rigidité relative en préparant l'attaque. Mais chercher à obtenir la vitesse de détente, c'est, à proprement parler, s'assouplir. Le muscle est un lourdaud qui arrive toujours en retard pour donner son effort. Il faut le presser, l'habituer à se contracter vite, à obéir instantanément. C'est là un effort et une fatigue surtout cérébraux. Conclusion : Ne cherchez jamais à vous endurcir. Tous les prétendus exercices d'endurcissement, les travaux de force amènent de brèves, mais véritables paralysies. Ne veuillez pas être forts, devenez souples! C'est l'unique moyen d'être adroits, et par suite vites. Or, adresse et vitesse sont les deux facteurs du *travail utile*, du rendement.

Parlerons-nous du régime? Non, car évidemment il doit s'approprier à chaque tempérament. D'ailleurs, un rameur qui s'entraîne doit-il suivre un régime, à condition même qu'il le peuve? Nous ne le pensons pas. Le meilleur régime c'est une alimentation saine et variée. La nature et la quantité des aliments ont moins d'importance que la manière dont on les digère. L'utile régime, c'est celui qui vous assurera une digestion parfaite.

Pour que la digestion soit parfaite, il faut que les aliments soient complètement mastiqués et bien ensalivés. Mangez avec lenteur. N'avalez point à la hâte vos mets mal mâchés. Imitez le paysan qui taille menu son pain, gratte de près les os, ramasse les miettes d'un revers de main, boit par petits coups et reste longtemps à table. Si vous êtes forcé de manger vite, renoncez à l'entraînement.

Mangez à heures fixes, au moins trois fois par jour, afin que les aliments ingérés ne forment pas une masse trop grande pour l'estomac, et buvez peu, juste assez pour avaler. Puis, environ un quart d'heure après le repas, et alors seulement, buvez le reste de votre ration. Ainsi vous digérerez vite, complètement, et vous éviterez l'adiposité. La nature des aliments n'a pas grande importance. Le rameur peut manger ce qui lui plaît, pourvu qu'il ne s'écarte pas de la simplicité naturelle. Autant que les mets frelatés, fuyez les épices, poivre, cannelle, gingembre, moutarde, vinaigre, piment; fuyez aussi les mets composés, charcuterie, pâtisserie.

La nature des boissons est la même en toutes, l'eau. Seule l'eau peut désaltérer, faisant seule cesser cette tension osmotique du sang qui constitue la soif; seule elle ne fatigue pas les reins; seule elle ne dégoûte jamais. A quoi bon les éthers et alcools du vin, de la bière, du cidre, de l'hydromel? Le rameur n'a besoin ni de stupéfiants, ni d'excitants.

On vous parlera d'élixirs pseudo-toniques extraits de la kola, de la coca, du quinquina;

leur effet est analogue à celui du café ou du thé : une excitation nerveuse factice ou une paralysie de l'estomac. Ce sont des menteurs : ils trompent le corps en lui demandant un travail qu'ils ne paient pas. Fuyez ces perfides. La seule source de force est dans les aliments.

Bien digérer ne suffit pas; il faut aussi bien éliminer. Les reins sont de précieux serviteurs; ils nous débarrassent par l'urine de matériaux brûlés, d'inutiles déchets. La transparence de cette liqueur sert à mesurer l'état général de l'organisme. Si elle se trouble, se charge de résidus, la nutrition, l'assimilation ou l'exercice sont mauvais. On a mangé trop ou trop vite, ou excédé la limite du travail possible à ce moment de l'entraînement.

La peau respire et transpire, aide les poumons et les reins. Soignons donc bien notre peau. Tenons-la propre et souple, par lotion et friction. Elle est aussi notre cuirasse contre le milieu extérieur; maintenons-la résistante aux chocs et à-coups de la température. Une courte douche froide *immédiatement* après chaque exercice y pourvoira. La sueur et la poussière se trouveront balayées, la peau rafraîchie, condition d'un repos complet, d'un sommeil profond.

Plus encore que la peau soignons le poumon. Le poumon, c'est l'athlète même. Presque toujours la capacité thoracique mesure la force d'un homme. Les muscles sont l'accessoire. Respirer, respirer de l'air pur jour et nuit, voilà la condition de tout entraînement *sine qua non*. Si durant le sommeil on inspire un air déjà dix fois expiré, pourquoi songer même à l'entraînement? De l'air! de l'air pur! tel doit être votre cri incessant. Dormez donc la fenêtre ouverte ou entre-bâillée, même l'hiver. Enveloppez-vous de laine la nuit; couvrez-vous d'un matelas, mais respirez de l'air pur; ou bien renoncez à connaître la mâle saveur de la vie athlétique. Mieux vaut se passer de manger que de séjourner en lieu clos, à plus forte raison dans une atmosphère lourde de fumée, de vapeurs et d'expirs. Soyez au grand air. Mangez dehors. Aérez, aérez! *A fortiori* ne songez pas un instant à vous entraîner si vous continuez à lancer la fumée du tabac dans vos poumons qu'assoiffe d'air pur le travail musculaire. Laissons aux tarés, aux détraqués de tout acabit ce besoin de sortir d'eux-mêmes, de s'aliéner dans l'assoupissement tabagique et l'ivresse alcoolique. Il n'y a pas de différence essentielle entre le fumeur de tabac, le buveur d'alcool ou le *mangeur* d'opium.

L'entraînement à l'aviron, pendant qu'on s'y adonne, exclut tout autre; mais il ne vous interdit pas, au contraire, la pratique modérée d'autres exercices de souplesse ou de vitesse qui le complètent, sans amener toutefois aucun surcroît de fatigue. En Angleterre on considère la course à pied comme indispensable durant l'entraînement; le tennis est aussi pour le rameur un utile et agréable auxiliaire; mais la bicyclette est nuisible, funeste même : elle peut servir à vous transporter, mais à de courtes distances et sans que jamais vous poussiez; la marche accélérée, avec ou sans canne d'entraînement, est utile durant la période de début; dès que vous avez perdu du poids, évitez-la, elle vous rendrait lourd, rassis, *stale*; évitez encore plus la natation qui vous amènerait très promptement à être mou et lent; contentez-vous de douches ou d'une rapide immersion de quelques minutes : résistez à la tentation et aux joies de la baignade, sinon votre entraînement est compromis.

Dernier point *last not least* : ne commencez pas à vous entraîner sans être sûrs, par l'avis d'un médecin compétent, que tous vos organes, votre cœur surtout, sont en parfait état. L'entraînement doit être un bienfait pour les organismes vaillants, non une cause d'usure ou de déchéance. Ne vous entraînez que dans l'exacte mesure de vos moyens physiques. Ne surmenez jamais votre cœur, le mal serait irréparable et vous rangerait pour votre vie restante parmi les demi-infirmes.

CHAPITRE VII

Les courses à l'aviron. — Organisation
des régates.

En France le sport de l'aviron, pratiqué
dès 1830, n'a été réellement organisé que
lorsque se sont fondées les grandes sociétés
nautiques aux environs de 1850. Ces sociétés
se sont groupées au cours des ans et huit
groupes régionaux constituent la *Fédération
Française des Sociétés d'Aviron* (F. F. S. A).
Elle comprend (1910) 91 sociétés et régit
seule chez nous le sport de l'aviron. Pourtant ses ressources annuelles n'atteignent
pas 9 000 francs. Elle organise chaque année
les Championnats de France en pointe et
en couple et prend part aux Championnats
d'Europe. Elle est affiliée à la Fédération
Internationale des sociétés d'aviron (F. I.) et

au Comité national des sports. De plus elle est liée par un traité de réciprocité à l'Union des Sociétés Françaises de sports athlétiques (U. S. F. S. A.).

La Fédération française reconnaît quatre classes de régates : les *régates d'entraînement*, organisées entre trois sociétés au plus ; les *régates régionales*, organisées dans les groupes ; les *régates nationales*, ouvertes à toutes les sociétés de la Fédération ; les *régates internationales*, ouvertes en outre aux sociétés étrangères reconnues par la Fédération française.

Les régates d'entraînement ne *qualifient* pas les rameurs, c'est-à-dire ne peuvent les faire devenir, de *débutants, juniors* ou *seniors*.

Est *débutant en pointe* tout rameur qui n'a pas gagné trois premiers prix en pointe avant le 1ᵉʳ janvier de l'année où il court. S'il gagne trois premiers prix il devient *junior en pointe*. Ayant gagné encore trois premiers prix en pointe comme junior, il devient *senior en pointe*. La qualification acquise en pointe ne vaut pas pour la couple, de sorte qu'un rameur peut être senior en pointe et débutant en couple, ou junior en pointe et senior en couple. Une course courue sans concurrent, le *row-over*, ne compte pas pour la qualification.

Les courses ont lieu en général en ligne droite, bord à bord. C'est la règle pour les championnats. Cependant, dans les rivières étroites ou les canaux on voit parfois des *courses au piquet*. Les bateaux, au lieu de lutter bord à bord pour se dépasser, partent les uns derrière les autres à même distance et cherchent à se rattraper.

Les courses à virages, ou du moins à virages courts sont de plus en plus abandonnées. Si elles sont la joie du spectateur gai et des constructeurs, à cause des abordages, des coulages, du bris d'avirons et de bateaux, pour les mêmes raisons elles désespèrent les trésoriers et les vrais amis du sport.

Les équipes viennent se présenter au départ à l'heure fixée. Le juge-arbitre, monté en bateau rapide, généralement un canot à vapeur ou à pétrole, les aligne chacune à leur place préalablement tirée au sort. Les chefs de nage s'efforcent de mettre bien exactement leur bateau dans la ligne à suivre (fig. 37, p. 105). Alors, c'est l'instant solen-

nel. Le porte-voix du starter demande :
êtes-vous prêts? et sa main lève un drapeau
rouge; devant l'immobilité des équipes sur
l'avant, les pelles dans l'eau, le drapeau
s'abaisse et la voix crie : *partez!* Et les
maillots multicolores, dans un magnifique
élan, se renversent. Une bombe éclate
avertissant le public qu'*ils sont partis*!

Déjà sur la berge les amis s'élancent, qui
au pas de course, qui à bicyclette, qui en
voiture pour suivre les concurrents, pour
les encourager de leurs cris. Mais eux, sur
l'eau fuyante, ne regardent fixement que le
dos ou la pelle du chef de nage, répondant
à ses attaques, obéissant à ses enlevages. Le
juge-arbitre suit, rappelant à leurs devoirs
les barreurs qui perdent leur ligne (fig. 9,
p. 35); des berges partent de multiples embarcations. Et eux *en mettent* toujours. Mais
attention! Voici une équipe qui se désunit
(fig. 8, p. 34), tribord l'emporte et dégage
mal ou dans l'eau, le barreur redresse le
bateau d'un coup de barre un peu vif, on
voit le sillage ou l'*ouaiche* du bateau rom-
pue. « Ensemble! » crie le barreur. C'est le
point difficile. On s'allonge pour mieux
respirer. Mais voici venir la fin et la fatigue,

Fig. 37. — Mise en ligne avant le départ d'une course en huit de pointe.

les visages, les corps se contractent (fig. 7, p. 33). Une bombe éclate pendant l'enlevage final : l'étrave du premier bateau a franchi la ligne sous les yeux du *juge à l'arrivée*. *Stoppe!* crie le barreur triomphant. On se remet un peu, puis on revient en beau style au garage. Quelles ovations, quel empressement autour des vainqueurs qui rentrent leur bateau au garage (fig. 38, p. 107).

Ainsi se succèdent les courses dans l'ordre du programme imprimé. Aussitôt après la fin, les réclamations, s'il y en a, entendues et jugées, le jury remet aux gagnants les prix affectés à chaque course.

Est-il bon de courir à l'aviron ? de disputer des championnats, de prendre part à des régates pendant de longues saisons consécutives ? L'entraînement, nous l'avons expliqué (p. 85), est à la fois un apprentissage du style et une école d'endurance. Il est donc difficile de devenir un bon rameur, même de promenade, si on ne s'est pas entraîné durant deux ou trois saisons au moins. Consultez votre horaire quotidien, vos possibilités de temps libre sans nuire à votre carrière ou à vos affaires, consultez surtout votre médecin sur l'état de votre

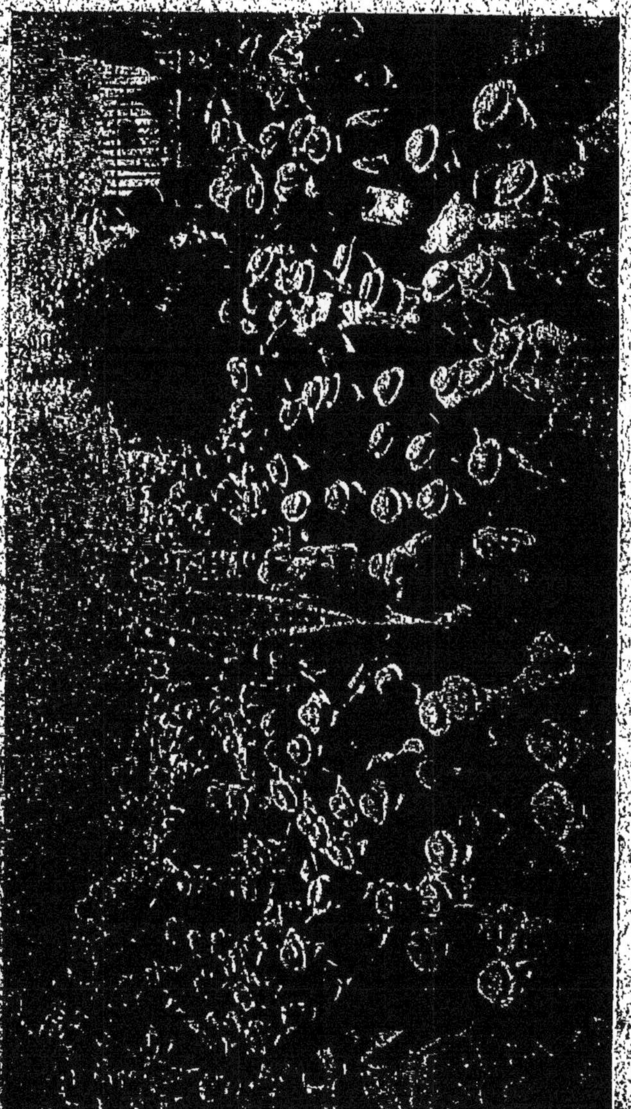

Fig. 38. — La rentrée des vainqueurs au garage.

cœur, et décidez si vous devez courir ou
bien vous contenter de venir de temps à
autre encourager vos camarades ou plus
jeunes ou moins occupés. L'intérêt que vous
leur témoignerez ainsi par votre présence
aux séances d'entraînement leur sera plus
utile que vos « derniers conseils » le jour
des régates, quand ils s'embarqueront pour
la grande épreuve.

CHAPITRE VIII

Promenade et tourisme nautiques.

Il n'est personne qui ne soit sensible aux charmes d'une promenade en bateau; plus que tout autre, le rameur a la passion de l'eau : il aime la regarder, s'y baigner aux beaux jours; il en connaît les courants, les fonds, les herbes, les ombrages. Dès qu'il a des loisirs il veut être sur l'eau. La promenade d'une après-midi, d'une journée, l'excursion de deux ou trois jours, la croisière plus longue encore, lui offrent des joies sans cesse renaissantes; d'abord celles de l'aviron, puis celles du tourisme; l'aventure, la découverte, la succession variée des paysages (fig. 39, p. 111).

L'instrument le mieux adopté au tourisme c'est le canoë. Nous l'avons décrit page 41.

Deux sociétés se sont fondées, à Paris, pour encourager et propager, l'une le goût de la promenade, l'autre la pratique du tourisme nautiques : les Rameurs de promenade et le Canoë-Club. De son côté le Touring-Club de France, dont l'action bienfaisante et inlassable a fini par faire connaître et aimer la France, a institué un Comité du tourisme nautique. Enfin le Yacht-Club de France et la Ligue maritime s'intéressent aussi aux rameurs.

Grâce à ces sociétés voici que les pouvoirs publics songent parfois à ménager aux bateaux à rames l'abordage aux berges, le débarquement, le passage aux écluses.

De son côté le Canoë-Club perfectionne la construction du canoë, prime des modèles nouveaux, invente le chariot porteur (fig. 16, p. 46), supprimant le portage à bras ou à s angles (fig. 40, p. 112); publie des récits de croisières, des itinéraires en rivière, organise des concours de tourisme, provoque ou organise le *camping*; dresse l'inventaire du matériel qu'il nécessite, en un mot démontre *ipso facto* à tous gens de bon vouloir que le tourisme sur l'eau, qu'on le pratique à un bateau, à deux ou à plusieurs,

Fig. 39. — L'excursion en canoë (sur l'Aisne à Quignicourt).

Fig. 41. — Poignée à angles d'un canoë.

Fig. 41. — Canoës canadiens franchissant un déversoir sur le Grand-Morin.

Fig. 42. — Canoë naviguant à la voile sur la Meuse.

est sans aucun doute, le plus varié, le plus
pittoresque, le plus reposant, le plus instructif aussi ; surtout si, comme nous le
suggérions page 19, il se complète par des
excursions de rayonnement à pied, ou à
cheval, ou à bicyclette. Il faut savoir débarquer aux bons endroits pour pousser ces
pointes hardies, et donner dans l'hinterland
d'utiles coups de sonde.

Quelle sorte de canoë doit-on adopter pour l'excursion? le nôtre avec ses pontages et son banc à coulisse (fig. 15 et 16, pp. 45 et 46) ou le canadien non ponté et mu par la pagaie simple (fig. 17) ou double (fig. 18)? Les mérites du nôtre semblent supérieurs d'après ce que nous avons dit plus haut. Pourtant le canadien a ses avantages : le pagayeur voit devant lui, passe par les plus étroits passages où ne sauraient s'engager les avirons. Comme la quille du canoë canadien est résistante et que son tirant d'eau est presque nul, il passe sur les rapides, les déversoirs (fig. 41, p. 113), les bas-fonds, les lits d'herbe; il supporte bien la voile si la brise donne aussi bien que le canoë ponté (fig. 42, p. 114). Enfin, tiré à terre et retourné, il constitue le toit de la tente où l'on campera. Ces mérites valent au canoë canadien sa popularité en Amérique et en Angleterre. Il s'acclimatera chez nous et nous lui devrons la découverte de nos rivières.

CHAPITRE IX

Devoirs et droits du rameur sur l'eau.

Sur l'eau tous ceux qui rament sont libres
d'aller où bon leur semble, l'eau appartenant à tous. Il n'y a pas de règlements spé-
ciaux pour les petites embarcations, sauf
dans le ressort de la Préfecture de police de
la Seine. Voici les articles importants de
l'ordonnance du 30 avril 1895 :

TITRE VII

CHAPITRE PREMIER

Art. 111. — **Nécéssité d'une autorisation. Conditions essentielles.** — Les particuliers peuvent, sur
l'avis du service compétent, obtenir l'autorisation,
sous des conditions déterminées, d'avoir des barques
pour leur usage et pour l'exploitation de leurs propriétés ; mais il leur est interdit, sous les peines de
droit, d'appliquer ces barques au transport des pas-

sagers d'une rive à l'autre, avec ou sans rétribution.

Ces barques devront d'ailleurs être toujours garées de manière à ne gêner ni la navigation ni le halage, et solidement amarrées.

Art. 112. — Permis. — Les petites embarcations, autres que celles des bateaux de commerce ou celles appartenant à l'État ou à la Ville de Paris, ne pourront stationner ou circuler dans le ressort de la Préfecture de police, qu'en vertu de permis délivrés au nom du Préfet de police, par l'Inspecteur général de la navigation et des ports.

Elles seront inscrites sur les registres de l'Inspection de la navigation et des ports, et recevront chacune un numéro d'ordre, qui sera indiqué dans le permis.

Toute personne désireuse d'obtenir un permis devra se présenter au bureau de l'Inspecteur particulier de la navigation dans la circonscription duquel se trouve le lieu de stationnement habituel de l'embarcation, pour y justifier de la propriété de cette embarcation.

Les présidents des Sociétés nautiques autorisées et ayant leur siège dans le ressort de la Préfecture de police sont admis à demander directement des permis de circulation pour les bateaux des membres de leurs Sociétés.

Les permis ne devront être demandés que pour des embarcations en bon état.

Ils indiqueront le lieu de stationnement habituel des embarcations.

Ils ne seront valables que pour un an et devront être renouvelés avant le 31 mars de chaque année (coût 1 fr. 85).

Sur les canaux de la Ville de Paris, les petites embarcations ne pourront circuler ou stationner qu'en vertu d'une autorisation toujours révocable de l'Administration de ces canaux et sous les conditions qu'elle aura déterminées.

Art. 113. — Déclarations à faire en certains cas. — Les permis sont personnels et ne peuvent être transférés avec la propriété des embarcations.

En cas de vente, perte, destruction ou changement de lieu de stationnement d'une embarcation, le propriétaire devra en faire immédiatement la déclaration.

Art. 114. — Numéros d'ordre. — Les embarcations garant à flot devront porter le numéro du permis. Il sera inscrit sur chacun des côtés de l'avant à l'extérieur, au-dessus de la ligne de flottaison, en chiffres noirs de 0 m. 08 de haut et 0 m. 01 de plein, sur écusson blanc.

Les embarcations garant à sec sont dispensées de l'inscription du numéro du permis.

Art. 115. — Embarcations étrangères au ressort. — Les embarcations étrangères au ressort de la Préfecture de police sont autorisées à circuler ou à stationner sur la Seine et la Marne canalisée sans aucune formalité, si leur séjour ne doit pas excéder trente jours.

CHAPITRE IV

DISPOSITIONS APPLICABLES
A TOUTES LES PETITES EMBARCATIONS

Art. 120. — Manœuvres défendues. — Il est défendu à toute personne montant une petite embarcation :

1° De l'amarrer ou de l'accrocher aux bateaux ou convois en marche ;

2° De s'approcher des bains ou écoles de natation, sous peine, pour le propriétaire de l'embarcation, de se voir retirer sa permission, et sans préjudice des poursuites à exercer contre le contrevenant.

A la rencontre des bateaux à vapeur en marche et des dragues ou appareils analogues en fonctionnement, les petites embarcations marchant à la voile ou à la rame devront se ranger à la rive ou se tenir à une distance minima de 30 mètres desdits bateaux à vapeur, dragues etc.

Art. 121. — Consignation des embarcations. — Indépendamment des poursuites judiciaires qui seront exercées à l'égard des contrevenants, les embarcations non munies du numéro réglementaire, ou compromettant la liberté de la circulation ou la sûreté publique, seront consignées d'office aux frais, risques et périls de leurs propriétaires.

Art. 122. — Accostage sur réquisition. — Les conducteurs d'embarcations sont tenus d'aborder à la rive sur la réquisition des agents du service de la navigation.

PASSAGE AUX ÉCLUSES

Art. 123. — La circulation des embarcations s'exercera librement sur la Seine dans l'étendue des biefs et par les passes navigables des barrages de Port-à-l'Anglais et de Suresnes, quand ceux-ci seront ouverts.

Lorsque ces barrages seront fermés, les embarcations ne circuleront librement que dans l'étendue des biefs et sur le plan incliné accolé au barrage de Suresnes, sur la rive droite du bras de Neuilly.

Les embarcations d'un tonnage inférieur à 10 tonnes pourront franchir les écluses de Port-à-l'Anglais et de Suresnes, en profitant du sassement des bateaux de commerce allant dans le même sens.

Sur la Marne canalisée, les dimanches et jours de fête, il sera fait, aux écluses de Charenton et de Gravelle, six éclusées spécialement destinées au passage des petites embarcations. Quatre de ces éclusées auront lieu le matin pour la remonte, et les deux autres le soir pour la descente.

En dehors des jours et heures fixés ci-dessus, les embarcations d'un tonnage inférieur à 10 tonnes pourront franchir les écluses de Charenton et de Gravelle en profitant du sassement des bateaux de commerce allant dans le même sens.

On fera un sassement spécial pour les embarcations qui auront attendu une heure aux garages des écluses sans qu'il survienne de bateau de commerce.

Toutefois, aucun sassement spécial n'aura lieu

entre 10 heures
du soir et 5
heures du ma-
tin, du 1er avril
au 1er octobre,
et entre 8
heures du soir
et 7 heures du
matin, le res-
tant de l'année.

Les éclusiers
ne livreront
passage aux
petites embar-
cations que sur
présentation
du permis de
circulation.

Fig. 43. — Une éclusée de 4 canoës
(à N.-D. de la Garennes-s.-Seine).

Heureuse-
ment, les
éclusiers ne
demandent pas toujours le permis et sont
le plus souvent de braves gens qu'attendrit
la vue d'une pièce blanche (fig. 43, p. 121).

D'ailleurs toutes ces dispositions, répé-
tons-le, sont spéciales au ressort de la Préfecture de la Seine. En Haute Seine il y a
aussi quelques règlements. Ailleurs, la

liberté de circuler sur les rivières, qui sont domaine public, est entière. En suivant l'article 123, nous avons le droit d'exiger l'éclusage partout.

En général on ne rame pas la nuit. Cependant, si elle rentre après le coucher du soleil, toute embarcation ne dépassant pas 8 mètres doit porter un feu blanc visible de tous les points de l'horizon (art. 15 du décret du 20 novembre 1893).

La nuit un bateau à vapeur ou à moteur mécanique est facilement reconnaissable; s'il vient sur vous, vous voyez un feu blanc, souvent double, dans l'axe du bateau, un feu vert à tribord, un rouge à bâbord; s'il s'éloigne on ne voit qu'un feu rouge à l'arrière.

Le remorqueur qui traîne un convoi, au lieu d'un seul feu blanc, simple ou double sur l'axe, en a deux superposés, les autres semblables; le toueur a un feu rouge superposé au blanc, les autres semblables.

Les bateaux remorqués portent un seul feu blanc visible de partout; le dernier du train a en outre un feu rouge à l'arrière, invisible de l'avant.

Les bateaux des services réguliers ont les

feux des autres, plus, à l'avant, un feu vert invisible de l'arrière.

Un feu rouge immobile signale les bateaux ou radeaux stationnés, les dragues, les pattes d'oie, les pompes et sonnettes, les piles de pont, les écueils. Les pontons embarcadères ont un feu vert.

Donc, en principe, le feu rouge ferme la voie (titre Ier, II et III du décret du 20 novembre 1893).

Quand un vapeur va virer, il donne un coup de sirène et montre un drapeau rouge le jour, ou un feu rouge la nuit, sur le bord où il va virer.

Un dernier point. Où peut-on aborder et débarquer ?

Les berges en cours d'eau navigables et flottables sont grevées de la servitude du halage. Sur l'une des rives est le chemin de halage, qui doit avoir 7 m. 80, l'autre, le plus souvent est réduit par tolérance administrative à un étroit chemin dit *marche-pied*.

Les riverains obtiennent la permission d'établir un ponton et un escalier ou une rampe d'accès, parfois même un port privé. Mais ces pontons et escaliers ne suppriment pas la servitude. On ne les permet que sous réserve pour les tiers de pouvoir aborder. En dépit des écriteaux : « défense d'aborder, défense de passer » et à condition que le ponton et l'escalier accèdent au chemin de halage, les rameurs ont le droit d'aborder, de débarquer, de monter au chemin. Il en est de même du côté du marchepied.

Par contre, sur les petits cours d'eau qui ne sont ni navigables ni flottables, les escaliers peuvent être clos et interdits parce qu'ils mènent directement à des propriétés particulières. En ce cas il faut demander l'autorisation de débarquer.

LEXIQUE DES TERMES TECHNIQUES

Les mots anglais sont en italiques; les numéros renvoient aux pages du livre où les termes sont employés et expliqués.

TABLE DES MATIÈRES

Imp. F. SCHMIDT, Montrouge (Seine).